AF452384

UNE
FIGURE D'ARTISTE

Louis MARTINET

(1814-1894)

NOTES BIOGRAPHIQUES

PAR

Gustave RIBEAUCOURT

Portrait a l'Eau-Forte exécuté par

BRACQUEMOND

PARIS

TYPOGRAPHIE MORRIS PÈRE ET FILS
64, Rue Amelot, 64

1894

UNE

FIGURE D'ARTISTE

Louis MARTINET

(1814-1894)

NOTES BIOGRAPHIQUES

PAR

Gustave RIBEAUCOURT

Portrait a l'Eau-Forte exécuté par

BRACQUEMOND

PARIS

TYPOGRAPHIE MORRIS PÈRE ET FILS
64, Rue Amelot, 64

1894

UNE FIGURE D'ARTISTE

Louis MARTINET

Louis Martinet ?...

Un vieillard de quatre-vingts ans, très alerte et très
vert, ayant conservé ses facultés dans toute leur sou-
plesse, d'un jugement sûr et droit, affiné encore par une
longue expérience des hommes et des choses. Sous des
cheveux grisonnants rejetés en arrière, dans l'encadre-
ment d'une barbe blanche, la tête se tient droite et le
regard, très vif, brille sous la broussaille de sourcils
touffus; la bouche, large, sourit naturellement; le menton
carré indique la volonté. La figure, assez colorée, respire
une franche bonhomie, une pitié indulgente, tempérée
cependant par je ne sais quelle expression ironique.

M. Louis Martinet est, sans contredit, l'une des plus

curieuses figures artistiques de notre époque. D'une
nature aventureuse et de combativité, il a été le promo-
teur de maintes innovations hardies que le succès a
quelquefois couronnées. Peu d'existences ont été aussi
remplies et aussi mouvementées.

Presque toujours aux premiers rangs de la bataille
artistique, tenace et énergique, il eut parfois la douce
satisfaction de voir ses efforts triompher des obstacles
que des adversaires intéressés ou routiniers lui susci-
taient. Beaucoup d'idées neuves et hardies, qui paraissaient alors d'une audace téméraire, ont fait aujourd'hui
leur chemin, jetées par lui dans la circulation.

Artiste avant tout, il fut ennemi de la réclame bruyante.
dédaigneux des succès éphémères qui se traduisent en
espèces monnayées. Peintre d'un réel talent, d'une grande
facilité de travail, il sema ses toiles un peu partout, avec
un superbe sans-souci du rapport bien fait pour décon-
certer notre temps, pratique avant tout. Beaucoup de ses
œuvres mériteraient, certes, de prendre place dans nos
musées.

C'est à son initiative que nous devons l'ouverture des
expositions particulières, qui rendent des services incontestables aux artistes sincères, malgré quelques exagéra-
tions ridicules et des abus regrettables.

Tour à tour peintre, architecte et impresario, il s'est
montré remarquable dans ces différentes manifestations
de l'art. Depuis près de vingt ans, le vieil artiste, si cruel-
lement atteint en 1871 dans ses intérêts matériels et dans

ses plus chères affections, vit retiré. Mais lorsque les échos du dehors lui apprennent qu'une des idées dont il s'était fait le champion a fait peu à peu son chemin dans le monde, il triomphe naïvement, et, dans son regard, des lueurs s'allument ; alors, en termes colorés, avec une verve toute juvénile, il retrace ses luttes et ses efforts pour faire aboutir cette idée ; son récit, émaillé d'anecdotes souvent piquantes, toujours curieuses, évoque tout un chapitre de sa vie devant ses auditeurs émus et intéressés.

Ce travailleur infatigable et cet honnête homme eut pour la politique la répulsion instinctive de l'artiste. Cependant, par une ironie du sort, il se trouva mêlé à l'un de nos drames historiques les plus émouvants. Le 24 février 1848, étant lieutenant de la garde nationale, un hasard le fit le sauveur de Mme la duchesse d'Orléans et du comte de Paris[1]. Par son courage et sa présence d'esprit, il réussit à les arracher à l'émeute grondante, maîtresse du Palais-Bourbon.

Louis Martinet habite Colombes. Tous les matins, il quitte cette tranquille petite ville de la banlieue parisienne pour venir passer la journée à son cercle, où les mille bruits de Paris lui arrivent, et il trouve l'illusion de la lutte dans les rumeurs de bataille qui parviennent jusqu'à ses oreilles.

Le soir, il rentre, mélancolique, dans sa maison vide où personne, hélas ! ne l'attend sur le seuil désert.

1. Le duc de Nemours lui doit également la vie.

L'avenir, cependant, l'inquiète; il se demande, navré, si rien ne restera de lui; si aucun souvenir ne marquera son passage dans la vie; si de ses longues années de travail il ne sortira pas une œuvre qui impose sa mémoire à la génération qui vient. C'est là son ambition, le but de ses derniers efforts. « A quoi bon le travail, les luttes livrées, les douleurs subies?... se dit-il. Quel est le but de la vie, sa raison d'être, si tout ce qu'a pu produire une intelligence est scellé avec le corps sous la pierre tombale?... »

Mais ces moments de découragement sont rares et sans durée. Le vieux peintre se ressaisit bien vite; et, tout en brossant une toile, car il s'est remis à peindre depuis quelques années, il mûrit un projet qu'il va bientôt mettre à exécution, avec le concours de quelques amis dévoués.

Malgré de bien cruelles désillusions, bien des peines, il est resté l'homme bon par excellence; il juge les choses et les hommes avec une aimable indulgence quelque peu dédaigneuse. Il ignore la rancune et croirait s'abaisser en laissant échapper un mot qui pût ridiculiser ou nuire, fût-ce à un ennemi.

Au cercle, il se laisse souvent aller à raconter quelques incidents de sa vie, quelque histoire drôle dont le héros fut certain personnage en vue. Mais lorsque, mis en appétit par sa verve de conteur, on le pousse trop sur ce terrain, il se dérobe : « Je connais, en effet, bien d'autres choses, et ce que je vous dis n'est peut-être pas le plus curieux. Mais je ne veux pas vous apprendre des aventures dont la révélation causerait de la peine aux intéressés. Ah! s'ils étaient morts... et leurs femmes... et leurs enfants, ce serait différent. » On a beau le presser, battre en brèche ses scrupules, il reste muet.

Cela vous peint l'homme tout entier, dit sa générosité, sa délicatesse de cœur.

PREMIÈRE PARTIE

PEINTURE

Louis Martinet, dont le père était Corse et s'appelait
J.-B. Martinetti, est né à Paris, dans le faubourg Saint-
Germain, en 1814. Il fut interne boursier au collège Saint-
Louis, mais il n'y resta que peu d'années. Le jeune homme,
avec son caractère ardent et rebelle à toute discipline, ne
put se plier au régime sévère du collège. Il eut pour
condisciples Rousse et Camille Doucet, qui approfondis-
saient les mystères des racines grecques.

Tout d'abord la musique l'attira irrésistiblement. Ce
goût inné devait faire de lui l'impresario habile que nous
ferons connaître. Le jeune élève s'intéressait beaucoup
aux concerts donnés chez Choron, et qui sont en quelque
sorte l'enfance des concerts du Conservatoire actuel.
Choron avait une façon très intelligente d'entremêler les
cours de musique instrumentale et les cours de chant,
selon l'âge des élèves et la mue de leur voix. Ces concerts étaient organisés sous le patronage de la duchesse

de Berry. De plus, la chapelle de Saint-Louis, dont Hippolyte Monpou était l'organiste, était fournie par Choron. Le jeune élève fit partie de cette chapelle. C'est ainsi que le pauvre et grand Choron exerça une grande influence sur son avenir ; et celui-ci s'inspira souvent, dans sa carrière de directeur, des idées du Maître.

Comme tous les audacieux, Choron fut un persécuté. Son enfance fut difficile; il eut à combattre la volonté de son père, qui redoutait pour lui les terribles aléas de toute carrière artistique. Il se fit connaître en publiant, en 1804, les *Principes d'Accompagnement des Écoles d'Italie*. Il risqua sa fortune personnelle dans cette entreprise et la perdit, ce qui ne l'empêcha pas de persévérer dans la même voie et de publier, en 1810, un *Dictionnaire historique des Musiciens* en collaboration avec Fayolle. Ses idées sur l'enseignement public de la musique attirèrent l'attention du ministre, M. Bigot de Préameneu, qui le chargea de rédiger un plan de réorganisation des maîtrises et des chœurs des cathédrales, et lui confia la direction de la musique dans les fêtes et les cérémonies religieuses.

Directeur de l'Opéra (1815-1817), la campagne qu'il mena fut des plus brillantes et des moins coûteuses. Alors il conçut le projet d'un mode d'enseignement général de la musique par une méthode simultanée qu'il appelait *concertante*. Avec une légère subvention, il ouvre son École royale de chant et de déclamation. Il parcourt la France pour trouver des voix. En 1824, son école devient l'Institution royale de musique classique et religieuse, et il y organise de magnifiques concerts : Bach, Hændel, Palestrina. En 1830, on lui supprime sa subvention. Il ferma et parcourut la province, en vain, pour continuer son œuvre ; et il mourut sans avoir pu réaliser complètement ses beaux rêves. Mais ses élèves restaient ; il suffit de citer les noms de quelques-uns pour montrer les qualités du professeur : Gilbert Duprez, Dietsch, Hippolyte Monpou, Léon Bizot, Adrien de la Faye, Nicou-Choron, Scudo, Wartel, Boulanger-Kunzé, Grosset, Jeansenne, Mmes Stolz, Hébert-Massy, Clara Novello, Rachel, etc.

*
* *

A quatorze ans, Martinet quitta le collège pour étudier la peinture et l'architecture. Ce fut Huyot, professeur d'architecture à l'École des Beaux-Arts, section d'histoire, et auquel fut confié l'achèvement de l'Arc-de-Triomphe de l'Étoile, qui lui enseigna cet art. En peinture, il fut l'élève de Gros. Après une année d'études chez ces deux professeurs, il fut reçu dans ces deux sections élève de l'École des Beaux-Arts. Dans l'atelier de Gros, qui forma tant de célèbres artistes, il eut pour camarades Signol, Raffet, Chopin, Couture ; Barye, l'animalier ; Thierry, le décorateur ; Alexandre Couder ; Rouvière, le tragédien ; Émile Perrin, le directeur de l'Opéra-Comique et de la Comédie-Française ; L. Müller, Boujignier et bien d'autres encore.

On nous permettra de citer quelques anecdotes, qui ont le mérite de l'inédit.

⁂

Raffet fut sacré artiste par Gros d'une façon bien imprévue.

Un jour que le maître flânait par les rues du quartier, il s'arrêta à la devanture d'un marchand d'estampes et de lithographies, la maison Martinet-Haute-Cœur, rue du Coq-Saint-Honoré. Soudain, son regard se fixa, hypnotisé, sur une lithographie représentant, sur le champ de bataille de Waterloo, un officier arrêtant le cheval de Napoléon. Il entra, très intrigué : « De qui donc est cette lithographie ? demanda-t-il. — Mais c'est de l'un de vos élèves, de Raffet, répondit le marchand. — Je ne connais pas ce nom-là dans mon atelier. »

Arrivé à l'atelier qui était à l'Institut, Gros s'écrie : « Qui s'appelle Raffet, ici ? — C'est moi, répond timidement un jeune élève. — Ah ! c'est vous qui faites des Waterloo sans me les montrer. — Est-ce qu'il serait mauvais, mon tableau, Maître ? balbutie l'élève. — Mauvais !... S'il était de moi, ce serait mon meilleur. Je n'ai plus rien à vous apprendre, mon ami ; vous pouvez voler de vos propres ailes. »

⁂

Le secrétaire de Gros était Boujigné, mauvais rapin doué d'un superbe talent de calligraphe. Ce Boujigné avait un profil extraordinaire : front étroit, toujours recouvert par une calotte, nez saillant, énorme, monstre d'une forme inconnue jusqu'à lui, mâchoire fuyante. En deux coups de crayon, les élèves de Gros le caricaturaient. Faire un Boujigné était une des grandes épreuves de la réception d'un nouveau camarade. Un jour, en se rendant de son atelier à l'Institut, Gros aperçoit sur les pavés, un, deux, trois, cinq, dix, cent Boujigné dessinés au fusain ou à la craie ; les pavés disparaissaient presque sous la physionomie plaisamment cocasse du pauvre secrétaire ; c'était une obsession, un cauchemar. Gros, un moment étourdi, crut à quelque étrange hallucination. Ce n'était qu'une farce. Le vieux maître n'était pas patient : il ferma son atelier pendant huit jours.

*
* *

Malgré sa dureté, ses élèves l'aimaient beaucoup, et il comptait des partisans acharnés, qui détestaient Ingres et niaient tout talent au magistral auteur du *Saint Symphorien*. L'année où ce tableau fut exposé au Salon (1827), il se livra une véritable bataille devant cette œuvre entre les élèves des deux maîtres.

Longtemps les critiques et les artistes eux-mêmes refusèrent de reconnaître les beautés incontestables de la peinture d'Ingres. Théophile Gautier avoua le premier son erreur à Martinet, qui avait toujours été un admirateur passionné de ce maître.

Ingres, fort de sa valeur, se contentait de sourire de ces manifestations hostiles; mais il n'en était pas de même de Gros, qui prenait fort à cœur les plus légères critiques.

Cette susceptibilité maladive causa sa mort.

*
* *

Une année, Gros envoya au Salon, en carte de visite, un Turc. Ce malheureux Turc ressemblait à quelque marchand de pastilles du sérail. Jules Janin le dit crûment, agrémentant son jugement de quelques pointes aiguës. Gros n'y résista pas... Quelques jours après, on repêchait son cadavre à Meudon; sur le rivage on ramassait son chapeau, sa rosette de la Légion d'honneur et un billet laconique. Ses funérailles furent magnifiques. Devant Saint-Thomas-d'Aquin, ses élèves dételèrent les chevaux du corbillard et traînèrent le corps de leur ancien maître jusqu'au Père-Lachaise.

*
* *

Un jour que Martinet travaillait aux Tuileries, sous la direction d'Alaux, aux décorations destinées au musée de Versailles, Louis-Philippe, qui avait l'habitude de se promener dans les galeries longeant la Seine, s'arrêta devant le jeune peintre, très intéressé par son travail.

— De qui êtes-vous l'élève? interrogea le roi.

— Du baron Gros, Sire.

— Tiens, fait le roi, le médecin de Gros, à la vente de

votre maître, vient d'acheter le chapeau que Napoléon portait à la bataille d'Eylau. J'ai poussé, moi, jusqu'à 1,800 francs. Mais ce n'est pas le chapeau, c'est la tête qu'il faudrait pouvoir acheter.

.˙.

Un peu plus tard, Martinet travaillait chez Edouard Odier à des décorations destinées à Versailles. Odier, de la famille des Delessert, était un peintre amateur de beaucoup de talent. Il habitait derrière la rue La Rochefoucauld.

Un matin, Martinet, en entrant à l'atelier, aperçoit, grimpée sur un cheval de bois, habillée d'une amazone collante moulant exactement des formes exquises, une jeune fille d'une remarquable beauté. A quelques ʳ installée confortablement dans un fauteuil, une vieille dame lisait. Il ne connaissait pas ces personnes ; il remarqua seulement que la jeune fille avait une magnifique chevelure d'un blond ardent à reflets d'or. Cette vision adorable de beauté et de jeunesse l'empêcha de travailler.

La séance de pose terminée, le gracieux modèle sauta lestement à terre, non sans découvrir toutefois, sous la longue amazone relevée, la plus belle jambe du monde. Saisi par la perfection des lignes, l'artiste ne put s'empêcher de s'écrier :

— Ah ! la jolie jambe !

— Je crois bien, dit la dame âgée ; ma fille est très

bien faite, et si nous n'étions pas dans une situation de fortune honorable, elle pourrait très bien gagner sa vie en posant dans les ateliers.

Lorsque son ami Odier rentra, le peintre, que le souvenir de cette séance tracassait, lui demanda quelles étaient ces dames.

— M⁻ de Montijo et sa fille, répliqua Odier.

Cette jeune fille était, en effet, Mlle de Montijo, qui devait devenir impératrice des Français.

***

En 1849, à la suite d'un long travail de gravure sur bois, fort lucratif mais très fatigant, Martinet, atteint d'une maladie d'yeux qui l'inquiéta beaucoup, dut, sur le conseil des médecins, abandonner la peinture. C'est à cette date qu'il entra à la direction des Beaux-Arts, comme inspecteur chargé des expositions de peinture et organisateur des fêtes publiques, sous « l'ami Lefuel », architecte et ancien camarade de Martinet, chez Huyot. En 1849, l'Exposition des Beaux-Arts eut lieu dans les salles du château des Tuileries. En 1850, on construisit un local dans la cour du Palais-Royal, et trois années de suite l'exposition se tint là. En 1853, on transporta l'exposition annuelle dans la cour des Menus-Plaisirs, rue Richer, où le *Marché aux Chevaux*, de Rosa Bonheur, eut un très grand succès.

***

Un jour, à cette exposition, comme l'impératrice examinait avec attention le tableau de Rosa Bonheur, elle aperçut tout à coup à sa droite une grande toile de Courbet : *le Gué*, où de superbes filles, aux chairs solides, découvraient sans pudeur d'énormes mollets.

— Eh ! Bacciochi, s'écria l'impératrice en se tournant vers l'intendant général des théâtres de la Cour, voilà votre affaire. Oh ! les belles percheronnes !

L'empereur toussa et pressa le bras de sa compagne. Bacciochi s'inclina, gêné.

On le serait à moins.

*
* *

En 1854 enfin et les années suivantes, l'exposition se fit aux Champs-Élysées.

En 1855, la première exposition universelle de peinture eut lieu dans un local spécial qu'on appela Palais des Beaux-Arts, construit avenue Montaigne par Lefuel. Elle eut un immense succès. La peinture anglaise, qui fut très remarquée, y figurait pour la première fois.

*
* *

Un jour, à cette exposition, au cours d'une visite impériale, dans la salle Ingres, des éclats de rire éclatèrent ; l'impératrice riait de tout son cœur, et les courtisans faisaient chorus.

— N'est-ce pas que c'est horrible cette peinture, Monsieur Martinet ? dit-elle.

— Excusez-moi, Madame, répondit froidement le peintre, mais, à mon humble avis, ce sont les artistes qui font la réputation des artistes, et non les bourgeois. Ingres est un maître.

— Bravo ! Monsieur l'Inspecteur.

Et, appelant l'empereur, l'illustre visiteuse raconta l'histoire.

— Monsieur Martinet a raison, dit l'empereur.

— S'il en est ainsi, allons boire à la gloire de M. Ingres, conclut gaiement sa compagne.

*
* *

Morny, en sortant, dit à Martinet, le jour de l'inauguration de cette exposition :

— Mon cher ami, je suis heureux de vous annoncer que le Comité vient de demander la croix pour vous, en récompense des services rendus aux expositions et particulièrement à l'Exposition universelle de 1855.

— Mon cher Monsieur de Morny, répondit l'artiste, je suis très touché de vos paroles, très fier de l'honneur que le Comité me fait. Mais je ne puis accepter. J'ai sous mes ordres des comtes, des marquis, des barons. Je ne veux pas faire de jaloux. Je préfère avoir cette récompense comme soldat ; et je sais que les gardes de mon bataillon ont demandé la croix pour moi, en récompense de ma conduite le 24 février 1848.

— Demain, ajouta Morny, je saurai ce qui se passe à l'État-Major.

Le 1er janvier 1856, Martinet était, en effet, en tête de la liste des décorés, avec cette note conciliante : « A fait preuve de courage en février 1848 et services rendus dans les Beaux-Arts. »

L'artiste apprit, le lendemain, par M. de Morny, qu'au Conseil des ministres on avait dit à l'empereur, après qu'il eut signé le décret :

— Votre Majesté décore un orléaniste.

Napoléon III répondit à haute voix :

— Je connais M. Martinet. Si j'avais été à la place de Mme la duchesse d'Orléans, il m'aurait protégé de même. C'est sa nature loyale qui l'a poussé à agir avec cette bravoure que nous aurions mauvaise grâce à lui reprocher.

*
* *

D'une activité qui jamais ne se ralentissait; d'un esprit toujours en éveil, toujours tendu vers les améliorations susceptibles de rendre des services aux artistes ou à l'art, il fit aux Beaux-Arts tout ce que ses fonctions d'inspecteur et la routine lui permirent. Bien des fois il vit des projets, laborieusement élaborés, repoussés, car leur hardiesse troublait. Dans ces cas, il portait son activité en dehors de la sphère officielle.

Ce fut lui qui, le premier, organisa en dehors des salons officiels, n'admettant que certains genres, d'intéressantes expositions par groupes sympathiques.

La première exposition eut lieu dans un local situé sur l'emplacement des Nouveautés ; elle fut consacrée à un ensemble d'œuvres d'Ary Scheffer, galerie appartenant à la duchesse d'Orléans. La vente qui suivit produisit 800,000 francs.

Les amateurs se souviennent encore du grand succès qu'obtinrent ces expositions. C'est là que Martinet révéla au public les richesses de la collection Lacaze; qu'il a montré le *Forum*, de Court; la *Source*, d'Ingres, aujourd'hui au Louvre; l'œuvre de Doré, de Millet. Sensible aux manifestations les plus diverses de l'art, il a tendu la main à Manet et aux plus délicats de nos impressionnistes : Degas, Pissaro, Sisley, Monet, etc. C'est là qu'on a vu resplendir l'œuvre éblouissant d'Eugène Delacroix, que l'École des Beaux-Arts a eu de la peine, il y a quelques années, à nous montrer plus complet.

Cette fête artistique, ouverte par une conférence de Dumas père, s'est clôturée par un banquet où les convives, dans cette atmosphère de chefs-d'œuvre, mêlaient le plaisir des yeux aux jouissances de l'estomac, et où le président, Théophile Gautier, porta le toast fameux : « *Au tapissier qui a tendu la salle !* »

*
* *

En 1860, Martinet publia chez Durand-Ruel (alors
1, rue de la Paix) deux curieux volumes : l'*Album*, recueil
de photographies des chefs-d'œuvre de l'art contemporain. Les notices étaient signées Théophile Gautier, Paul
de Saint-Victor, Frédéric Henriet, etc., et renseignaient
les lecteurs sur les peintres et l'histoire des œuvres
choisies pour les représenter.

Un tel ouvrage devrait paraître tous les trois ou quatre
ans, et nous aurions de la sorte de précieux documents
sur nos artistes et d'exactes interprétations de tableaux
ou de dessins, appartenant souvent à des particuliers.

Dans l'*Album* de 1860, on trouve, entre autres
œuvres remarquables : la *Plantation d'un Calvaire*, le
Rappel des Glaneuses, la *Récolte du Colza dans l'Artois*,
de Jules Breton ; la *Toilette de Vénus* et la *Madeleine*,
de Baudry ; les *Cervarolles*, de Hébert ; l'*Apothéose de
Napoléon I*, l'*Odalisque* et le *Martyre de Saint Symphorien*, d'Ingres ; les *Tambours de la République*, de
Raffet ; un *Paysage avec Figures*, de Corot ; la *Prome-
nade dans la Neige*, de James Tissot ; le *Troupeau dans
la Plaine* de Troyon ; l'*Amour puni*, de Diaz ; la *Visite
au Caveau de Saint-Michel de Bordeaux*, par Gustave
Doré ; un Théodore Rousseau ; *Animaux dans une
Prairie*, de Rosa Bonheur ; *Albert Dürer à Anvers*, de
Leys ; la *Savonneuse*, la *Mort et le Bûcheron*, la *Danse
des Palicares*, le *Mendiant espagnol*, le *Singe dessinateur*,
de Decamps. On pourrait citer aussi des œuvres de très
bonne facture de Ary Scheffer, Boulanger, Eug. Fro-

mentin, Van Mayden, Aubert, Palizzi, Flassan, Bida, Chaplin, Robert-Fleury, Mme H. Brown, Guillemin, Heilbuth, etc., etc.

*
* *

James Tissot, dont la brillante exposition au Champ-de-Mars a été si réussie cette année, doit en partie à notre artiste d'avoir pu manier le pinceau. Le maître, célèbre aujourd'hui, nous pardonnera notre petite indiscrétion. Sa mère, en effet, combattait de toutes ses forces et tout son amour maternel effrayé la vocation de son fils. Martinet, que l'ardeur vaillante du jeune homme avait séduit, écrivit à Mme Tissot une lettre vibrante qui vain-quit la résistance de cette mère inquiète.

Ce fut encore lui qui réunit tous les peintres, sculpteurs et graveurs en une seule société.

Voici la merveilleuse nomenclature de ses membres :

SOCIÉTÉ NATIONALE DES BEAUX-ARTS
(1862)

Président honoraire : M. le Comte WALEWSKY

Président :
THÉOPHILE GAUTIER

Directeur-Fondateur :
LOUIS MARTINET

Vice-Président : AIMÉ MILLET

Comité : MM. CHARLES ASSELINEAU, CARRIER-BELLEUSE, JOBBÉ-DUVAL, HÉBERT, SAINT-FRANÇOIS, PUVIS DE CHAVANNES, PAUL BAUDRY, GUDIN, BARRIAS, EUGÈNE LAVIELLE, BONNAT, DE RUDDER, HERST, DOUSSAULT.

Liste des Artistes fondateurs de la Société :

MM. Ingres.
Gatteaux.
Robert-Fleury.
Cogniet (Léon).
Signol.
Leufel.
de Gisors.
Guillaume.
Cabanel.
Lehmann (H.).
Barye.
Aze.
Aiguier.
de Balleroy.

MM. le baron Louhet.
Bellangé (Hippolyte).
Breton (Jules).
Breton (Émile).
Busson.
Belly.
Bellel.
Bernier.
Brillouin.
Brest.
Corot.
Doré (Gustave).
Teinturier.
Guillaumet.

MM. Sublet.

Chapu.

Riesener.

Carpeaux.

Oudinot.

Dupuis (Félix).

Ouvrier (Justin).

Doneaux.

Cornu.

Charpentier.

Chaplin.

Mme Becq de Fouquières.

MM. Hugrel.

Colette.

Blin.

Leloir.

de Lorris Mélikoff (A.).

Maison (Eugène).

Vollon.

Labouchère.

Bonnegrace.

Carjat.

Tabar.

Lebel (Edmond).

Baudit (Amédée).

Baud (Marc).

Valério.

Horowitz.

Anfray.

Toillier (Edmond).

Bouchet.

Lansyer.

Monginot.

Antigna.

Dussaussay.

Protais.

Galland.

Ziem.

Schreyer

MM. Esbens.

Guérard (Amédée).

Mlle Lacran.

MM. Yvon.

Douzel.

Daulnoy (Victor).

Roux (Louis).

Kuytenbrouwer.

Masse.

Mlle Durand.

MM. Rodin.

Germain.

Constantin.

Meister.

Washington.

Gauthier (Armand).

Mme Berthaux (Henriette).

Mlle Wagner.

MM. Chassevent.

Dumaresq.

Bastien.

Brandon.

Lazerges.

Hillemacher.

Giacometti.

Worms.

Mme la baronne de Rothschild.

MM. Ribot.

Troyon.

Blanchard (Pharamond).

Schuler.

Moreau (Mathurin).

Jacquemart (Alfred).

le comte de Besenval.

Dehaussy.

Timbal.

Hanoteau.

Pégot-Bernard.

Claude.

<table>
<tr><td>

MM. Anastasi.
    Galbrand.
Mme Margeot.
MM. Bingham.
    Guillaume (Ernest).
    Weber.
    Pigal.
    Debuse (Edmond).
    Français.
    Frère (Édouard).
    Gigoux (Jean).
    Gendron.
    Gide (Théophile).
    Bonvin.
    Gaillard.
Mme Escallier.
MM. Journault.
    Lanoue.
    Laffon (Emile).
    Lobjoy.
    Marchal.
    Mouchot.
    Michelin.
    Ondiné.
    Patrois.
    Pils.
    Place.
    Poucet.
    Perrin (Emile).
    Quesnay de Beaurepaire.
    Ronyat.
    Sain (Edouard).
    Stevens (Alfred).
    de Barbarin.
    Wyld.
    Zo (Achille).
    Pasini.
    Gassies (Georges).
    Seaforth.

</td><td>

MM. Cibot.
    Rouget.
    Duval-le-Camus.
    Guitton (Gaston).
    Voilemot.
    Dervaux (François).
    Durand (Charles).
    de Molins.
    Castan.
    Cordier (Émile).
    Boutard.
    Paternostre.
Mme Herbelin.
MM. Imer.
    Graham (Robert).
    Thierry.
    Manet.
    Bracquemont.
    Daubigny.
    Durand-Brager.
    Guillemet.
    Herbstoffer.
    Huguet.
    d'Haussy.
    Langée.
    Lassalle (Émile).
    Ricard.
    de Serres.
    Schenck.
    Willems.
    Vital-Dubray.
    Waquez.
    Vibert.
    Soyer (Paul).
    de Rossi.
    Lévis-Brown.
    Guignon (Paul).
    Pollet (J.).
    Marcello.

</td></tr>
</table>

MM. Van Hove.
Magy.
Reynauld.
Brigiboul (Marcel).
Lévy (Émile).
Williot.
Junker.
Jeanron (André).
Behmer.
Veyrassa .

MM. Colin (Alexandre).
Bourcart.
Franceschi.
de Valdrôme.
Couderc (Alexandre).
Serres (Antony).
Noël (Edmond).
Pointremoli.
Abel-Orry.

Liste des Amateurs fondateurs de la Société :

S. A. I. le prince Napoléon.
S. A. R. le comte d'Aquila.
M. Casimir-Périer.
MM. Aguado.
Aigoin.
Achard.
Arthus.
Adam (Ernest).
Baudelaire.
Blanche.
Benoist.
Bourreau.
Mme de Boisdenier.
MM. Briguiboul (Ernest).
Carcenac.
Charvet.
Cuvillier.
Carteret.
le comte de Chauveau.
de Chauveau (Édouard).
Delessert (Eugène).
Delessert (Édouard).
Dupré (Gilbert).
Delaroche.

MM. Frémy.
Forcade.
Fremyn.
le général Fleury.
Gavet.
Grasset.
de Graves (Th.).
Garcin.
Gages.
Gérard (Emile).
Guidon.
Journault (Léon).
Lefort (Jules).
Lefort.
de Laborde (Elie).
le baron Levasseur.
le marquis Maisons
Offenbach.
Casimir-Périer.
Ondry.
Passana.
Péreire (Émile).
Péreire (Isaac).
Péreire (Eugène)

MM. Quevremont.
le baron Rivet.
Saint-Saëns (C.).
Stévens (Auguste).
Schneider.
le comte de Tromelin.
Thiébault.
Warot père.
Warot.
le comte de Védel.
Claye.
Amat.
David (Félicien).
Crosti.

Champfleury.
Texier (Edmond).
Didier.
Desvrillères.
Lireux.
Pelletan.
Selleron (Aimé).
Souvestre.
Sarcey (Francisque).
About (Ed.).
Troy.
Dumé.
Paton.

*
* *

Mais le directeur des Musées nationaux, Nieuwer-kerque, esprit étroit et jaloux, voyait avec dépit l'extension croissante de la Société. A force de manœuvres peu délicates et d'insinuations perfides, il sema la méfiance parmi les artistes, leur faisant entendre que ces exposi-tions défloraient leurs œuvres et étaient, du reste, mal vues en haut lieu. Ceux-ci, peu désireux d'entrer en lutte avec l'administration et redoutant les conséquences d'un conflit, se relâchèrent de leur zèle, et un lent travail de dissolution se fit au sein de la Société. Le Conseil fut rassemblé et Martinet donna sa démission de directeur-fondateur. La Société nationale des Beaux-Arts avait vécu. Ce fut en vain que ses membres cherchèrent à la reconstituer. Elle ne s'est reformée qu'en 1890, au Champ-de-Mars.

Cette Société fut, en effet, le berceau de la future Société des Artistes français. Par son titre, elle patronnait d'avance le Salon dissident du Champ-de-Mars. C'est ainsi que, dans beaucoup de tentatives vers des voies nouvelles de l'art moderne, on retrouve l'impulsion de Louis Martinet.

Pour ajouter encore à la séduction des expositions de cette Société, il eut recours à la musique. Il y fit entendre le *Désert*, *Christophe Colomb*, l'*Enfance du Christ*, de Berlioz; des *Symphonies* de Saint-Saëns ; toutes les premières œuvres de Bizet.

. Combien d'heures charmantes les amateurs ont passées dans cette salle hospitalière, où les yeux, agréablement flattés, erraient sur les toiles choisies, pendant que d'habiles exécutants charmaient les oreilles et les imaginations avec les fines broderies, les thèmes émus ou légers de Mozart, de Beethoven, de Haydn, etc.

Un journal, organe officiel de cette Société, avait été fondé. About, Baudelaire, Champfleury, F. Sarcey, Th. Gautier collaborèrent au *Courrier artistique*. M. Édouard Lockroy y fit ses premières armes, de telle façon qu'il le fit supprimer.

*
* *

Vers cette époque, Martinet réunit encore en Société un groupe de musiciens, qui se firent entendre tous les jeudis dans une salle du boulevard des Italiens. Ces

concerts furent très suivis. On y comptait au nombre des
exécutants : G. Jacobé, fondateur ; Danbé, deuxième
chef et secrétaire ; E. Magnin, Desjardin, Adam, Tandon,
Loys, Raboud, de Bailly.

*
* *

La passion de cet artiste fut l'art, l'art seul ; il s'y
consacra tout entier, y dépensa sa vie, y perdit sa fortune ;
tout ce qui lui parut susceptible d'agrandir son champ
d'action et de l'épurer, il l'essaya. Très moderne, il vit
qu'il ne suffit pas de peindre pour le servir avec fruit, de
créer des chefs-d'œuvre, de s'hypnotiser devant ses
œuvres. Cela était suffisant du temps des Raphaël, des
Rubens et autres. A cette époque-là, la vue d'un chef-
d'œuvre faisait éclore des vocations et élevait les âmes
vers un merveilleux idéal, vers le Beau pur de tout
alliage. Mais de nos jours où, hélas ! les artistes tournent
si facilement, si inconsciemment au mercantilisme, poussés
parfois par les exigences de la vie, il se dit qu'il fallait
absolument combattre cette tendance fatale, et que, pour
cela, brosser de bons tableaux était bien, mais que se
jeter dans la bataille pour aiguiller les esprits vers une
voie nouvelle était mieux. Il s'employa à cette tâche de
tout son cœur. Il s'ingénia à mettre le public et les artistes
eux-mêmes en garde contre les réputations surfaites,
et il tira de l'ombre les jeunes talents qu'il devinait impec-
cables.

Vers 1880, membre du Cercle des Arts libéraux, il organisa des expositions qui mirent en relief et frayèrent le chemin à des peintres de valeur. Ce fut de cette manière qu'il fit connaître au public Rafaëlli, Gagliardini, Cazin, Mlle Breslau, et surtout ce pauvre Carriès, dont l'*Exposition des Désolés* produisit une si grande impression. Ménagé avec art, l'éclairage donnait une vigueur et une tristesse infinie à ses masques. Ce fut grâce à cette exhibition si heureuse et aussi à l'amitié de M. et Mme Ménard-Dorian que ce grand artiste dut sa juste renommée. Une mort prématurée vient malheureusement d'enlever à l'art français ce chercheur opiniâtre, ce profond poète.

Au moyen de l'Exposition du Cercle, il mit également en évidence les œuvres de Georges Ricard-Cordingley, le jeune peintre de marine, que remarqua ensuite la reine Victoria, et qui est le plus enfiévré poète des nues et des vagues, des tempêtes et des temps calmes, dont on se dispute aujourd'hui les toiles ; Paul Bocquet, le peintre des gris, des recoins pauvres de couleurs brillantes, des harmonies en sourdine ; André des Gachons, le mystique bizarre et naïf, l'enlumineur merveilleux des légendes et des missels.

Très franc et très net, le vieux maître se ferait scrupule d'encourager un talent douteux ; il répond brutalement à ceux qui viennent chercher conseil : « Bon » ou « Mauvais ».

Je ne veux pas terminer cette partie consacrée à la

pcinture sans citer plusieurs toiles tout à fait remarquables qui sont sorties de son atelier. Dans une des salles
de réception du ministère de l'Intérieur, tout le monde
peut admirer une grande toile signée de lui : *un Mendiant*. Les portraits de Nicou-Choron, de Monpou, de
Delsarte, de Gilbert Duprez, de Blin de Bourdon, d'Hippolyte Lucas, d'un Inconnu, ont une réelle valeur
artistique.

Rousseau, Corot, Daubigny auraient été heureux de
signer certains de ses Sous-Bois, de ses Plaines poétisées,
de ses Couchers de soleil.

DEUXIÈME PARTIE

Quoique ne voulant faire connaître en ces courtes notes que les parties saillantes de la vie de cet artiste, le lecteur me pardonnera de m'étendre un peu sur ces événements, car non seulement ils nous le montrent bon patriote, homme généreux, fidèle à une noble infortune, mais encore ils contiennent des documents historiques de réelle valeur.

Je copie textuellement les pages manuscrites écrites par Martinet lui-même sur les événements tragiques qui attristèrent le mois de février 1848 :

« Le 23 février 1848, à deux heures de l'après-midi, on battait le rappel pour réunir le 2ᵉ bataillon de la 10ᵉ légion de la garde nationale, dont j'étais lieutenant de grenadiers. Une demi-heure plus tard, nous nous mettions en marche, avec l'ordre d'aller garder la Chambre des députés et le pont de la Concorde. Notre consigne était de barrer le passage à la manifestation qui devait se rendre à la Chambre pour y déposer la pétition réclamant la *Réforme électorale* .

» Dès trois heures, un groupe assez nombreux de gardes nationaux, sans armes et agissant en simples citoyens, demandait à remettre la pétition aux députés Garnier-Pagès, Ledru-Rollin et Crémieux qui, prévenus, vinrent aussitôt au-devant de la députation.

» Quand les gardes nationaux de notre bataillon aperçurent Ledru-Rollin, ils ne purent se contenir et, s'élançant sur lui, ils lui auraient fait un mauvais parti — ils ne parlaient rien moins que de le jeter à l'eau — si je ne m'étais élancé au milieu d'eux et n'étais arrivé à temps pour le délivrer de leurs mains, en leur faisant comprendre que leur devoir de soldats était de maintenir l'ordre et non de le troubler. Ledru-Rollin, libre, me serra la main avec émotion et me dit :

» — Merci, lieutenant, votre nom ?

» — Martinet.

» Le 24 février fut la grande journée. Je ne voudrais pas faire moi-même mon éloge, et cependant il faut croire que j'en aurais le droit, puisque mes camarades de la garde nationale m'ont adressé la lettre suivante, que j'ai conservée comme un gage précieux de leur amitié pour moi. »

La voici, cette lettre, reproduite intégralement :

« A Monsieur Martinet, ancien lieutenant des grenadiers du 2ᵉ bataillon de la 10ᵉ légion. »

Des gardes nationaux témoignent de la noble conduite du sieur Martinet le 24 février 1848.

Cher Camarade,

Vos anciens collègues, les grenadiers du 2ᵉ bataillon de la 10ᵉ légion, sont heureux de vous donner une preuve de leur reconnaissance et de leur attachement en rappelant les faits dont ils ont été témoins dans la journée du 24 février 1848 : ils savent qu'une collision imminente, inutile alors, nécessairement sanglante, a été à plusieurs reprises évitée par votre dévouement, et ils veulent aujourd'hui vous offrir un témoignage du souvenir qu'ils conservent de votre noble conduite.

Le maréchal Bugeaud avait harangué notre bataillon sur la place du Carrousel ; il nous avait appris que toutes les concessions réclamées étaient largement accordées ; il nous avait enfin donné l'ordre d'annoncer ces nouvelles dans un assez grand rayon. Cette mission, entièrement pacifique, était d'une exécution difficile, en raison des nombreuses barricades qui allaient mettre obstacle à notre marche et ne paraissaient pas devoir s'ouvrir devant nous : nos armes étaient chargées, mais il nous était ordonné de n'en faire usage que pour notre défense et à la dernière extrémité. Notre itinéraire était la rue Saint-Honoré, la place de la Madeleine, les boulevards, la rue Vivienne et la rue de Richelieu, qui nous ramenait au point de départ.

Le bataillon s'avança, notre compagnie en tête, commandée par le capitaine Feine ; vous marchiez avec le remier peloton, et un bataillon de ligne nous suivait.

Dans la rue Saint-Honoré, des barricades surgissaient partout; encore faciles à franchir, elles s'achevaient derrière nous aussitôt après notre passage. Vis-à-vis Saint-Roch, et après avoir préalablement demandé l'avis du commandant Horner, vous eûtes la pensée de nous adjoindre ceux-là mêmes qui nous étaient hostiles; vous parvîntes à leur persuader qu'ils devaient concourir avec nous au rétablissement de la paix et vous marchâtes entouré d'eux : singulière avant-garde portant au bout de longues perches des symboles grotesques et des inscriptions ridicules.

Ces hommes, dont l'opinion était évidemment flottante, maintenus par vous, nous furent utiles. Sur la place de la Madeleine, il n'y avait encore qu'une barricade peu importante; le bataillon trouva bien là quelques hommes armés, mais en petit nombre, et qui ne cherchèrent pas à nous interdire le passage. A l'arcade Colbert, les hommes du peuple qui, jusque-là, nous avaient accompagnés, furent entraînés par les chefs du mouvement.

Rue Vivienne, une barricade immense était construite; des armes se montraient derrière. Vous vous avançâtes seul, nous ordonnant, lors même qu'on tirerait sur vous, de ne pas riposter; vous obtîntes passage après avoir échangé quelques paroles avec les défenseurs de la barricade, tout étonnés de nous y avoir admis. Ils n'avaient pas d'opinion arrêtée et paraissaient recevoir une impulsion hostile d'hommes bien vêtus et en apparence de la tenue la plus pacifique.

Partout les mêmes obstacles se présentèrent, partout les mêmes dispositions ; partout aussi l'insouciance résolue avec laquelle vous marchiez seul au-devant des menaces et des armes, semblait paralyser une détermination violente ; vous nous faisiez signe d'avancer et nous escaladions des montagnes de pavés sans rencontrer de résistance, quelquefois avec l'aide de ceux qui les avaient élevées.

Dans la rue Vivienne, à l'arcade Colbert, dans la rue Richelieu, la population s'agitait autour de nous comme la houle ; on commençait à crier : « A bas les baïonnettes ! » Les provocations devenaient plus vives, des orateurs nous interpellaient, des gardes nationaux de province, rangés sur notre flanc et en armes, nous menaçaient du regard. La moindre hésitation, la moindre imprudence eût amené une explosion. La prévoyance habile de nos chefs sut tout prévenir. Au carrefour de la fontaine Molière, on parut décidé à nous interdire le passage : la barricade était formidable ; malgré vos démonstrations, le chef vous couchait en joue, ses hommes l'imitaient et vous intimaient, du geste, de ne pas approcher. Sans tenir compte de ces avertissements, nous vous vîmes arriver jusque sur les canons des fusils. Cette fois encore ils se relevèrent. Un courage qui ne s'émeut d'aucun péril en avait imposé à ces hommes exaltés, ignorant même les lois de la guerre. Nous passâmes.

Après avoir traversé la rue Saint-Honoré, au moment où le feu était le plus vif sur la place du Palais-Royal, *nous rentrâmes dans le Carrousel. Peu après, vous vous rendîtes au Palais-Royal avec le général Lamoricière pour tâcher de faire cesser le combat; alors nous nous trouvâmes séparés et nos souvenirs communs doivent s'arrêter là.*

Dans cette marche difficile, périlleuse, au milieu d'un quartier couvert de barricades, chacun a fait son devoir; nos chefs se sont montrés tous, tels que nous les avions toujours connus, aussi intrépides que calmes et ne songeant qu'à la sûreté de ceux qu'ils commandaient; mais, placé seul en tête de la colonne, vous avez pu remplir la mission particulière que vous vous étiez donnée, de nous ouvrir les passages, et nul de nous n'oubliera jamais avec quel mépris du danger, quelle intelligence de la situation, quel entrain de parole et d'action vous avez accompli cette œuvre de dévouement.

(Suivent les attestations manuscrites.)

Je me plais à certifier que les faits ci-dessus exposés sont exacts et que M. Martinet s'est comporté en toute circonstance, et particulièrement le 24 février, avec le dévouement, la prudence et la résolution qui caractérisent un honnête homme et un bon citoyen.

L. Lemercier,
Ex-colonel de la 10e légion.

Je me plais à reconnaître que le sous-lieutenant Martinet, après m'avoir demandé mon assentiment, s'est porté avec nous devant le peloton d'avant-garde et qu'il nous a rendu de très grands services dans ces difficiles circonstances par son énergie et son sang-froid.

HORNER,
Ex-chef de bataillon, 10e légion,
2e bataillon.

Je me joins à M. le colonel Lemercier pour certifier que M. Martinet a fait son devoir de bon citoyen et de bon garde national le 24 février 1848.

FEINE,
Ex-capitaine des grenadiers,
2e bataillon, 10e légion.

Je reconnais les faits relatés ci-contre concernant le dévouement de M. Martinet parfaitement exacts, et je lui rends avec le plus grand plaisir tous les éloges que sa conduite courageuse a su lui mériter de tous ses camarades.

Ce 26 février 1850.

FABRE,
Ex-capitaine du 2e des grenadiers
du 2e bataillon, 10e légion.

C'est avec le plus vif sentiment de plaisir que je viens rendre hommage à notre camarade Martinet, pour tout le courage et le dévouement qu'il a montrés dans les faits relatés ci-dessus.

HENRY BEX,
Ex-lieutenant en premier des grenadiers
du 2e bataillon, 10e légion.

C'est avec un sentiment d'une vive satisfaction que je me joins à mes anciens camarades du 2e bataillon pour attester la belle conduite de Louis Martinet dans la journée du 24 février 1848. Faisant partie du peloton d'avant-garde, j'ai été, mieux que tout autre, à même d'apprécier son dévouement dans cette pénible journée.

ROBERT,
Ex-sergent de grenadiers,
Sergent-major de la 1re compagnie,
2e bataillon.

C'est avec plaisir que j'atteste la belle conduite du lieutenant Martinet.

LEFORT.

Autres signatures :

E. BONARDI DE SAINT-SULPICE.

Vicomte THIERRY DE MONTESQUIOU.

H. GANDELET.

MARCHAL.

« Mais mon rôle ne devait pas se borner à la rue. Un heureux hasard me mêla bientôt à une page fort touchante de notre histoire.

» En quittant le général, je traversai la place du Carrousel pour me rendre compte des événements. Je vis alors le palais des Tuileries envahi par la foule et deux voitures stationnant à la porte du château. Un des cochers m'apprit qu'il devait prendre la duchesse d'Orléans mais qu'il était arrivé trop tard, que la princesse venait de partir par le jardin longeant les quais, à pied, pour la Chambre. J'eus alors l'instinct que cette noble femme devait avoir besoin de protection. Je fis monter dans les deux voitures les quelques gardes nationaux de diverses légions qui se trouvaient là, et nous partîmes pour la Chambre.

» Au pied de l'hémicycle, parmi les députés se battant pour monter à la tribune, au milieu d'une foule hurlante semblant avoir perdu la raison, la princesse était debout, muette, ses deux enfants contre elle, dans une attitude pleine de noblesse et de tristesse ; près d'elle, le duc de Nemours, en costume de lieutenant-général « du royaume ». Mais je ne vis que la princesse, parmi ces gens qui la heurtaient sans prendre garde à ses enfants. Je courus à elle :

» — Madame, je vous jure de vous protéger.

» — Monsieur, je vous suis.

» Alors, je fis gravir à la mère et à ses enfants les gradins jusqu'à l'avant-dernière rangée. Le duc de Nemours nous suivit et s'assit auprès de la princesse.

» Dix minutes n'étaient pas écoulées, qu'au milieu d'un tumulte indescriptible, la Chambre fut envahie par une foule bariolée, vêtue d'uniformes grotesques, coiffée de tricornes, armée de piques et de vieux sabres de cava-lerie. On dirait qu'il y a un magasin spécial de costumes qui s'ouvre les jours d'émeute. On se serait cru cinquante ans plus tôt, en pleine Révolution. Je vis dès ce moment que j'avais bien fait d'aller prendre la princesse, car que serait-elle devenue, elle et ses enfants, au milieu de ce tumulte, de ces gens ivres ou fous, et des députés eux-mêmes, qui n'étaient plus maîtres de la situation ?

» C'est à ce moment que le député Crémieux, un de ceux qui étaient allés recevoir la pétition de la *Réforme électorale*, s'approcha de la duchesse et lui remit un papier en disant :

» — Je vous apporte cette note ; veuillez la lire à la Chambre. Je vous jure qu'avant une heure vous serez régente !

» Une heure après, le citoyen Crémieux était membre du Gouvernement provisoire.

» Tout à coup les yeux se portèrent vers la tribune de droite. A coups de crosse de fusil, on venait d'en faire sauter les portes et la foule s'y ruait, hostile ; j'aperçois un canon de fusil braqué sur le duc de Nemours, je me lève, barrant de mon corps le prince en danger, et l'arme se redresse.

» Les députés quittaient la Chambre, dans l'impossibilité d'organiser une séance. La situation devenait critique. Il fallait aviser : « Madame la duchesse, il serait trop dangereux de rester ici ! » m'écriai-je, et je conduisis mes protégés vers le petit escalier tournant qui s'ouvre aux dernières banquettes. C'était le salut, mais la descente fut périlleuse. Des gens fuyaient affolés ; d'autres, aux visages rébarbatifs et haineux, le gravissaient, heurtant les murs de leurs armes, bousculant les fuyards. Les vitres des fenêtres volaient en éclats. Dans cette cohue, fatalement je fus séparé de la princesse, mais je fus assez heureux pour pouvoir saisir dans mes bras le comte de Paris et l'arracher à un individu qui voulait s'en emparer [1].

» Aidé de M. Desportes, huissier de la Chambre, et de M. Mary, garde national de mon bataillon, nous pûmes escalader une fenêtre et rapporter à sa mère, réfugiée à la questure, notre précieux fardeau.

» Là, tout le monde avait perdu la tête. Je donnai encore mon avis qu'on suivit, par bonheur. Les Invalides me paraissaient tout indiqués pour donner un asile momentané et sûr à la famille royale.

» Nous traversâmes le jardin de la Présidence et nous trouvâmes, à la porte donnant sur la rue de l'Université, une voiture qui, depuis le matin, y attendait le président Sauzet.

» J'y fis monter la princesse, le comte de Paris et Burquel, sergent de la garde nationale et chevalier de la Légion d'honneur. Je vous dirai dans un instant pour quelles raisons le duc de Chartres et le duc de Nemours n'étaient plus avec nous.

» A ce moment, un individu se précipita vers la voiture pour y monter. Ne sachant à qui j'avais affaire, je

---

1. L'*Histoire de la Révolution de 1848*, par Garnier-Pagès, raconte (tome II, pages 141 et 142) cet épisode et tient compte du rôle de Martinet « homme de cœur ».

le repoussai violemment, et les chevaux partirent pour les Invalides, précédés par le garde national Mary, qui courait devant la voiture.

» Arrivés à la grille des Invalides, nous crûmes un instant qu'il allait falloir chercher un refuge ailleurs. On refusait de nous ouvrir. Nous dûmes parlementer. Enfin on consentit à nous ouvrir et nous allions nous diriger vers les appartements du gouverneur, quand un homme apparut qui s'inclina devant la princesse : « Mon pauvre Mornay », dit simplement cette noble et courageuse femme en tendant la main à son ami. Et comme il allait défaillir d'émotion, elle lui tendit son flacon de sels. Je reconnus alors l'homme que j'avais si fort bousculé derrière la Chambre. Je ne pense pas que le marquis de Mornay m'ait gardé rancune du coup de poing que je lui administrai et qui n'était destiné qu'à un malotru quelconque.

» Accompagné d'Odilon Barot, de Jules de Lasteyrie (qui avait pris place près du cocher), du marquis de Mornay et du prince d'Elchingen, la duchesse se rendit aux appartements du gouverneur des Invalides.

» Quelques minutes après, dans un groupe de gardes nationaux, arrivait le duc de Nemours, costumé lui-même en garde national, et se faisant appeler M. Durand.

» Immédiatement, la duchesse d'Orléans le pria de prendre par écrit les noms des personnes qui les avaient protégés, elle et ses enfants, depuis leur entrée à la Chambre. Voici la liste des noms que lui remit le duc :

» MM. Louis Martinet, Mary, Burquel, Lesueur, Aymé, Tétu, Blanc, Gounet, Borade et Delporte.

» A sept heures, je remerciai, au nom de la duchesse, les gardes nationaux présents. Nous avions fait notre devoir. La duchesse d'Orléans et son fils, le comte de Paris, étaient en sûreté. Il ne nous restait plus qu'à nous retirer; nous nous quittâmes. Mais j'avais appris que la duchesse, son fils et le marquis de Mornay, devaient se rendre chez le marquis de Montesquiou, en son hôtel, rue de Monsieur, et dont une entrée donnait sur le boulevard des Invalides, par le jardin. Je rentrai chez moi pour embrasser ma mère, ma femme et ma fille, qui, depuis mon départ, au matin de cette mémorable journée, ignoraient ce que j'étais devenu et étaient d'autant plus inquiètes que tous les gardes de mon bataillon étaient rentrés chez eux.

» A neuf heures, je réunis encore quelques gardes nationaux et j'organisai une patrouille pour veiller sur la duchesse d'Orléans et protéger l'hôtel du duc de Montesquiou.

» Le lendemain, comme j'étais de garde au ministère de l'Intérieur, rue de Grenelle, Ledru-Rollin, le ministre, me reconnut et, la main tendue, me remerciant à nouveau du service que je lui avais rendu la veille, me dit que sa grande préoccupation était de savoir ce qu'était devenue la duchesse. Comme je lui assurais qu'elle était en sûreté, il ajouta :

» — Ne puis-je pas m'employer pour elle ? Je suis

entièrement à sa disposition, tant pour sa sécurité que pour ses besoins d'argent.

» J'allais me retirer, lorsqu'il me retint un instant, et il me dit textuellement ceci :

» — Nous ne voulions pas, mes amis et moi, renverser Louis-Philippe. Nous demandions la *Réforme électorale :* elle nous était accordée. Là s'arrêtait notre tâche ; mais nous avons été débordés. Dans tous les partis il y a des exaltés malfaisants pour les meilleures causes. Lagrange, en tirant sur la troupe, boulevard des Capucines, a bouleversé les esprits. *Le suffrage universel, je ne le voyais que dans quatre-vingts ans !*

» Quant au duc de Chartres, il avait été recueilli par un nommé Litman et conduit en un asile sûr, rue Saint-Dominique, dans une maison appartenant au marquis de Mornay.

» J'ai même trouvé, dans cette séparation momentanée de la duchesse et de son fils, le sujet d'un petit tableau que je lui ai offert. Il représente le duc de Chartres sommeillant dans la chambre où il avait été caché. Et voici la lettre que j'ai reçue, à ce propos, de la duchesse d'Orléans :

Esnach, 4 janvier 1849.

J'ai reçu avec bien de l'émotion le petit tableau que vous avez fait pour moi, Monsieur ; il retrace de douloureux souvenirs, mais mon amertume est tempérée par celui d'une courageuse hospitalité.

Mon fils et moi, nous reporterons souvent nos regards sur cette petite chambre qui cacha sa naïve confiance et les angoisses de ses nobles protecteurs.

Et son frère aîné, en s'associant à mon émotion, se dit avec satisfaction que c'est à vous, Monsieur, que nous devons ce précieux petit tableau ; à vous dont l'admirable dévouement ne nous a pas failli au jour du malheur, et dont le courage a tout bravé pour protéger notre faiblesse. Je l'associe à moi pour vous dire que jamais cette noble et touchante attention ne s'effacera de son souvenir, et pour vous exprimer les sentiments qu'elle lui inspire. C'est avec attendrissement qu'il a entendu la lecture de votre lettre et il joint ses remerciements à ceux que je vous adresse ; recevez également l'expression de tous les vœux que je forme pour votre bonheur et acceptez toujours l'intérêt bien sincère que je vous porte.

HÉLÈNE.

» L'année suivante, la veille de l'anniversaire des pénibles journées de 1848, je recevais une petite boîte remplie de merveilleuses épingles de cravate et ce mot :

23 février 1850.

Mon cher Monsieur Martinet,

C'est avec une vive satisfaction que Mme *la duchesse d'Orléans a reçu la liste des dix gardes nationaux qui l'ont accompagnée aux Invalides, Elle, son fils et M. le duc de Nemours, car le carnet sur lequel leurs noms avaient été pris est malheureusement égaré. Désormais ces dix noms ne sortiront pas de sa mémoire. Son Altesse Royale a appris aussi que, dans une communauté de sentiments qui l'a profondément touchée, vous deviez vous réunir tous les dix le 24 février. Veuillez être l'interprète de Son Altesse Royale près de vos bons et loyaux amis; répétez-leur que la princesse et son fils pensent souvent à vous tous. Acceptez et priez-les d'accepter un petit souvenir que j'ai rapporté d'Allemagne pour vous et chacun d'eux. Son Altesse Royale prie chacun de vous de le garder comme un témoignage de la reconnaissance qu'elle conserve de votre noble et généreux dévouement.*

Croyez toujours à mes sentiments très dévoués.

AD. ASSELINE.
Secrétaire de Son Altesse Royale.

» Chaque épingle se compose d'une émeraude enchâssée d'or et cerclée d'une couronne de petits diamants représentant des myosotis. Une chaînette d'or relie cette partie de l'épingle à une autre épingle très simple dont la tête est une perle.

» Le lendemain, nous étions tous réunis au restaurant Philippe, rue Montorgueil, comme nous en avions pris l'habitude chaque année, et je fis la distribution après avoir donné communication de la lettre de M. Asseline. »

* *
* *

Les sanglantes journées de juin 1848, qui épouvantèrent Paris, faillirent avoir lieu quelques mois plus tôt, en avril. Si la guerre civile avait éclaté à cette époque, elle eût été bien autrement terrible, car alors tout le monde était armé. La mobile, qui avait remplacé la garde nationale, était contre le gouvernement. Ce fut Martinet qui retarda la catastrophe, hélas! inévitable; voici dans quelles circonstances. C'est une page curieuse d'histoire contemporaine :

Le peintre avait un cousin, Cipolina, chef de bataillon de la garde mobile d'Arpajon. Ce cousin, garçon plein de bravoure et dévoué au parti de l'ordre, l'avertit que ses collègues étaient chauds partisans d'un mouvement insurrectionnel et qu'ils étaient à la veille de le tenter. Instruit de ces dispositions hostiles, Martinet, qui voyait Ledru-Rollin intimement, l'en prévint, discuta avec lui la situation, et ils arrêtèrent tous les deux les dispositions à prendre, dont la première fut le désarmement partiel de la milice.

Cipolina fut tué en juin, devant la barricade du Panthéon.

Dans ces journées désastreuses, le héros des journées de février reprit sa place comme simple soldat dans la garde nationale; mais le capitaine étant absent, il fut désigné par ses camarades pour ce commandement.

Cet honneur était périlleux.

Le tambour de la compagnie et plusieurs hommes tombèrent sur la place Saint-Michel, frappés à ses côtés.

Il eut la chance de sortir encore sain et sauf de cette
sanglante journée.

* *

Mme la duchesse d'Orléans n'oublia jamais le grand
service que l'artiste lui avait rendu en l'arrachant, elle et
son fils, à la foule en délire qui avait pris d'assaut la
Chambre des députés. Elle ne perdit jamais une occasion
de lui prouver sa sollicitude avec ce tact et cette délicatesse de cœur exquise qu'on ne peut lui dénier. Tout
lui était prétexte pour lui donner des marques touchantes
de sa sympathique estime.

En 1850, elle le fit prier par son secrétaire Asseline,
de venir à Londres pour assister à la première commu-
nion du comte de Paris. Notre artiste accepta et fit le
voyage avec tous les petits amis du prince : MM. d'Haus-
sonville, de Ségur, de Lasteyrie — le fils de Jules — et
de plusieurs autres.

La cérémonie eut lieu le 20 juillet, dans la petite
chapelle catholique française. A la demande de la
duchesse, il prit des croquis pendant l'office, qui lui four-
nirent les éléments d'un tableau fort remarquable, véritable document historique.

Après la messe, le roi désira voir le sauveur de son
petit-fils. L'entrevue eut lieu dans une modeste chambre
d'hôtel. La simplicité de cette pièce, abritant une si
grande infortune, avait un cachet de majesté mélancolique qui impressionna profondément l'artiste, dont le

trouble augmenta à l'aspect de Louis-Philippe. C'était cinq semaines avant la mort du vieux roi. Courbé et amaigri par l'amertume de l'exil, l'illustre vieillard, dont le regard avait déjà ce vague de l'au-delà, parlait avec lenteur, d'une voix sourde :

— Monsieur Martinet, je suis heureux de vous voir, dit-il; la duchesse m'a raconté votre conduite. Vous avez défendu mon gouvernement; vous avez protégé les miens : je vous bénis, vous êtes de notre maison...

Ne pouvant maîtriser plus longtemps son émotion, l'artiste tomba à genoux.

— Relevez-vous, Monsieur, lui dit fort gracieusement Louis-Philippe, très ému lui-même.

Puis il parla longtemps, d'un accent prophétique, avec une pitié de vieillard qui prévoit les souffrances dont seront accablés ceux qui lui sont chers et son pays, devinant les catastrophes prochaines, l'agitation des esprits, les appétits déchaînés.

Et il ajouta :

— Vous qui retournez là-bas, Monsieur Martinet, dites bien à ceux qui se souviennent de nous que ma dernière pensée sera pour la France, que j'ai tant aimée, que j'aime tant encore. Peut-être, et je le souhaite, reviendra-t-elle à mon gouvernement, le seul possible.

***

La duchesse d'Orléans habitait alors le plus souvent le château Esnach, que son oncle, le grand-duc de Saxe-

Weimar, avait mis à sa disposition. L'artiste, convié par elle, y fit plusieurs séjours. Ces voyages avaient beaucoup d'attrait pour lui, car il goûtait fort les exquises qualités de cœur et d'esprit de cette adorable princesse, qu'on ne pouvait approcher sans l'aimer.

Un soir qu'il était son hôte, à dîner, les jeunes princes souriaient malicieusement en glissant vers lui des regards mystérieux qui l'intriguaient beaucoup. S'étant hasardé à demander l'explication de ces sourires et de ces coups d'œil furtifs aux jeunes élèves du vieux de Boismillon, ancien précepteur du duc d'Orléans et qui restait attaché à la famille royale, ceux-ci restèrent impénétrables. Enfin, on passa au salon. Le grand-duc de Saxe-Weimar lui tendit alors la main :

— Vous avez veillé sur la princesse ; je vous nomme chevalier de l'ordre du Faucon-Blanc, dont la devise est : *Vigilendo ascendimus.*

Il remit la croix à la duchesse, qui, l'épinglant sur la poitrine de l'artiste, lui dit finement :

— Son ruban est de la même couleur que celui de la Légion d'honneur.

Pendant son premier séjour à Esnach, l'artiste exécuta un tableau de fleurs. À son départ du château, on le mit en loterie, et la somme de 2,600 francs qu'il produisit fut distribuée aux pauvres. Cette œuvre fut gagnée par la grande-duchesse de Saxe-Weimar.

*
* *

Une année, vivement sollicité par la duchesse, il envoya à l'Exposition de Berlin deux tableaux de fleurs et les suivit lui-même de près. Dès qu'il fut arrivé, le prince de Prusse le fit prévenir par le docteur Wagen, directeur des musées, que le roi désirait le voir, le lendemain, à l'exposition. A cette entrevue, le roi complimenta l'artiste d'une manière très gracieuse.

— Votre palette, lui dit-il en le quittant, c'est le soleil !

Quinze jours après son retour à Paris, le peintre reçut à l'Opéra-Comique, dont il était le dessinateur, une lettre adressée à M. Martinet, « illustre peintre ». Cette lettre, très flatteuse, était du roi de Prusse et lui annonçait que celui-ci l'avait nommé chevalier de l'Aigle-Rouge de Prusse.

L'artiste ne voulut pas être en reste de politesse avec le monarque ; il lui répondit aussitôt pour le remercier et il lui offrit ses deux toiles pour les Invalides militaires prussiens, qui n'étaient soutenus que par des dons particuliers. Ces toiles furent vendues 6,000 francs, et Martinet devint membre honoraire de la Société des Invalides.

*
* *

La duchesse d'Orléans, la princesse Augusta et la princesse Louise, reine des Belges, dont la Belgique a gardé un très pieux souvenir, étaient en correspondance suivie. Un jour, la reine Louise ayant manifesté le désir de voir l'artiste, dont on lui avait raconté la belle conduite en 1848, la duchesse fit promettre à celui-ci d'aller à Bruxelles. Lorsqu'il se présenta au palais pour y poser sa carte, il reçut de la part de la reine le mot suivant :

Monsieur,

Je m'empresse d'avoir l'honneur de vous annoncer que la reine vous recevra volontiers, aujourd'hui, à trois heures et demie, au palais de Bruxelles.

Agréez, etc.

Le Secrétaire des Commandements de la Reine,
CONOUÉ.

7 octobre 1849.

L'artiste fut accueilli avec une gracieuse cordialité. On parla des tristes événements de l'année précédente, avec force détails rétrospectifs.

— Ah ! si mon frère eût vécu, dit la reine, tout cela ne serait pas arrivé... Cette révolution causera ma mort.

Monsieur, lui dit-elle, tandis qu'il se retirait, la Belgique est votre seconde patrie comme elle est la mienne.

Martinet n'oublia pas cette réception affectueuse. Chaque fois que l'occasion s'offrit, il protégea les peintres belges : Gallet, Leys, Portals, Madoux, Simonis le sculpteur, trouvèrent auprès de lui un appui généreux.

*
* *

Un soir, au cours d'une conversation, la duchesse lui demanda :

— Voulez-vous venir faire un voyage en France avec moi?

— Je suis à vos ordres, Madame, répondit l'artiste très surpris d'une pareille proposition.

Alors la duchesse le conduisit à son salon. Elle l'arrêta sur le seuil et lui dit en souriant :

— Nous sommes sur la frontière.

Puis, s'avançant, elle prit un album sur le guéridon et l'ouvrit. Il contenait des dessins et des aquarelles de tous les grands artistes d'alors, des vers et des pensées de tous les grands écrivains.

— C'est ma France à moi, la France intelligente, dit-elle en le feuilletant.

C'était l'album que le Conseil municipal de Paris lui avait offert à l'occasion de son mariage avec le duc d'Orléans, pieux souvenir qui avait pu être sauvé en 1848.

*
* *

La duchesse avait une estime particulière pour le peintre, dont la nature droite lui plaisait beaucoup. Aussi, lui faisait-elle part souvent, en une conversation familière, de ses regrets et de ses espérances : regrets des fautes commises, espérances en jours plus cléments. Un soir, qu'elle s'entretenait avec lui de la patrie absente, dont l'éloignement la faisait tant souffrir, elle lui dit brusquement, avec une véhémence qui ne lui était pas habituelle, faisant allusion à certains bruits de fusion qui couraient déjà dans son entourage :

— *On parle d'une fusion. Tant que je vivrai, je m'y opposerai toujours de toutes mes forces. Nous sommes issus d'un principe révolutionnaire, et je ne veux pas donner un pareil démenti à la conduite du roi et du duc d'Orléans, mon mari.*

J'ai hésité quelque peu à placer cet incident dans ces courtes notes afin d'éviter de leur donner une couleur politique qu'elles n'ont pas. Cependant, cette déclaration si nette et si ferme de Mme la duchesse d'Orléans, qui ne permet pas d'équivoque, montre dans quelles idées les princes ont été élevés. Il apparaît maintenant clairement, que c'est à son corps défendant que le comte de Paris a fait, après tant d'années, ce malheureux voyage de Frosdhorff, poussé par des amitiés maladroites. Un article très curieux de l'*Éclair*, signé par Hyacinthe Loyson, vient corroborer la déclaration de la duchesse d'Orléans. L'auteur de cet article affirme en effet qu'en 1871, s'étant rencontré dans le salon de lady Burdett-Goutt, le prince lui dit :

— Je suis républicain; je considère la république comme l'idéal des gouvernements; mais au-dessus de la république, il y a la volonté nationale, et si cette volonté nous faisait appel, nous serions prêts à lui obéir.

Quelques années après l'Exposition de Berlin, où il envoya deux toiles, remarquées particulièrement par le roi, ainsi que nous l'avons raconté, il retraversa cette ville pour se rendre à Saint-Pétersbourg et retrouver de Morny au mariage de l'empereur. Il y tomba malade. Le prince Guillaume lui envoya un médecin qui parlait fort bien le français et qui lui dit que le prince et la princesse l'engageaient fort à ne pas continuer son voyage ; qu'il ignorait la langue du pays qu'il avait à traverser ; qu'il était marié et père de famille et que, par conséquent, il n'avait pas le droit de disposer de sa vie. Le prince lui donna enfin rendez-vous à son château de Coblentz.

Là, il fit la connaissance du premier aide de camp du prince, avec lequel il eut de longues conversations sur le résultat de la guerre avec l'Autriche et des détails sur la façon dont l'Allemagne se préparait à la guerre... Contre qui ?... Nous ne le soupçonnions pas, hélas ! bercés que nous étions par une funeste sécurité.

Mais voici venir le moment de nos désastres.

Laissons la parole à Martinet, pour nous dire les sentiments qu'il éprouve à la nouvelle de la déclaration de la guerre.

. . . .

« La guerre était déclarée. J'étais à l'Opéra le soir où Faure entonna le *Chant du Départ*. Girardin était au balcon à gauche, moi aux fauteuils. Il me semble encore l'entendre crier : « A Berlin ! » Moi qui étais aussi bon

patriote que mon ami Girardin, je lui criai : « Vous êtes
fou ! On n'ira pas, comme vous le pensez, à Berlin. »
J'avais étudié de près la situation respective des deux
nations. L'Allemagne préparait la guerre depuis cinquante
ans, sans en rien dire, mais sérieusement, profondément.
Tandis que nous, avec nos beaux dehors et nos uniformes
étincelants, nous étions vermoulus à l'intérieur. Ou
plutôt, tenez, nous offrions le spectacle d'une magnifique
peinture décorative à la colle. Une averse est venue ; les
couleurs ont été balayées.

» Ah ! cette guerre, comme je la vis s'engager avec
désespoir ! Aux gares, j'ai assisté plusieurs fois à des
départs de troupes. Comme c'était triste ! Un soir surtout,
je vis errer de jeunes polytechniciens imberbes : ils ne
savaient pas où était leur régiment. C'était épouvantable
à voir...

» Ce soir-là, j'allai sur les boulevards. Devant chez
Brébant, je faillis me faire écharper. Des insensés criaient
le cri du jour : « A Berlin ! à Berlin ! » Je me mis à leur
répondre de toutes mes forces : « Vive la paix ! »
Heureusement que, protégé par des consommateurs, je
pus me réfugier dans le restaurant, sans quoi j'eusse passé
un mauvais quart d'heure. »

*
* *

C'est l'invasion.

Les hordes allemandes se ruent sur nos plus belles
provinces et les mettent au pillage, les tenant palpitantes

sous leurs bottes de soudards. Partout le deuil ; partout l'incendie et la mort ; partout la ruine. Paris, enfermé dans un cercle de bronze qu'il ne parvient pas à briser, se défend désespérément. Sous le souffle glacé d'un hiver exceptionnellement rigoureux, malgré les affres de la famine, la grande ville offre le sublime spectacle d'une résistance stoïque. Mais dans ses murs, enflé par des haines et des cupidités inavouables, un vent de folie souffle, qui gagne de proche en proche. Sous les yeux de l'ennemi réjoui, la guerre civile s'allume, amoncelant des ruines, faisant couler des flots de sang.

Mais laissons le vieil artiste évoquer quelques heures de ces jours d'épouvante :

« Le lendemain de la dernière bataille de Buzenval, où ce pauvre grand Regnault fut tué d'une balle prussienne, je montai l'avenue des Champs-Élysées pour me rendre à Rueil, où, la veille, j'avais dû laisser trois Bavarois blessés. Vers l'Arc-de-Triomphe, je rencontrai Lockroy en voiture découverte. Il me cria : « Où allez-vous donc comme ça ? — A Rueil, lui répondis-je. » Et je montai près de lui. Aux portes de Paris, nous montrons nos cartes, lui de directeur des barricades, moi de chef d'ambulance du Théâtre-Lyrique.

» Sur la route je fis mes recommandations au cocher : « Prenez garde au moindre bruit. Un simple coup de sifflet partant d'une haie peut signifier quelque chose de désagréable. Ce pourrait être une sentinelle prussienne avertissant un poste avancé. » Il n'y avait pas cinq

minutes que j'avais parlé que, de derrière une baraque
misérable, sortent neuf Bavarois qui nous couchent en
joue. Sans perdre l'esprit, j'empêchai Lockroy de descendre
et je brandis mon brassard blanc à croix rouge. Les Alle-
mands abaissèrent leurs armes. Lockroy me doit une fière
chandelle, car il avait dans ses poches des papiers fort
compromettants... A Rueil, j'appris que mes prisonniers
avaient été emmenés par une patrouille ennemie.

» Sur les routes occupées par nos envahisseurs, tout
le monde n'avait pas les mêmes difficultés à se frayer un
passage. A notre retour à Paris, en effet, nous fûmes
témoins d'un fait ignoble qui dut se présenter assez
fréquemment en ces mois terribles. Notre voiture croisa
une grande calèche découverte, où quatre cocottes se pava-
naient en toilettes claires. Devant le poste qui avait levé
sur nous ses fusils, elles s'arrêtèrent, montrèrent un papier
et passèrent fièrement.

» Si Paris ne pouvait s'approvisionner de solide, les
officiers prussiens savaient, eux, se procurer de la joie à
bon compte. Je voudrais bien savoir ce que sont devenues
ces créatures de honte...

*
* *

» La veille de l'affaire de la place Vendôme, tout un
groupe de gardes nationaux et de bourgeois, auxquels
étaient mêlés, comme dans toutes les réunions populaires,

des espions des autres partis, était assemblé au Grand-Hôtel. L'amiral Saisset était là. Il s'agissait de savoir s'ils devaient se rendre à la place Vendôme en armes ou sans armes. Il fut décidé qu'on irait sans armes, en négociateurs. Le lendemain, tous furent fidèles au rendez-vous. Cette façon de procéder plut aux premiers postes de communards établis à l'entrée de la place Vendôme. On se donna des poignées de main. Mais le chef de cette troupe, qui craignait des défections, fit faire un roulement de tambours et ordonna le feu. Et, tandis que les premiers rangs de communards fraternisaient avec les gardes nationaux et les bourgeois pacifiques, ces derniers recevaient une décharge imprévue. Il y eut plusieurs morts. Le journaliste de Pène fut blessé à la cuisse. Quant à moi, je fus sauvé grâce à une concierge à poigne qui m'enferma de force derrière une porte cochère.

» La veille, alors que je venais à peine de rentrer chez moi, au retour de la réunion du Grand-Hôtel, mon concierge, lui aussi, me sauva sans doute la vie. Des hommes à mines louches étaient venus me demander. Le concierge m'avertit, et, pour obéir à ma femme, je dus aller chercher refuge dans des maisons amies. Voici ce qui s'était passé : à cette réunion, l'amiral Saisset, sans doute pour éprouver les convictions de l'Assemblée, lança cette nouvelle :

» — Le duc d'Aumale est nommé lieutenant-général du royaume !

» — C'est un mensonge ! m'écriai-je au milieu d'un

tumulte indescriptible, comprenant les conséquences possibles d'une pareille assertion.

» Ma protestation souleva des murmures sur la portée desquels je me mépris, mais qui m'apparurent sous leur véritable signification, le lendemain, lorsque je me sus poursuivi par les révolutionnaires. »

. . . .

En ces temps de malheur, nous retrouvons l'artiste tel que nous l'avons toujours connu : homme de devoir avant tout.

Lors du siège, le Théâtre-Lyrique, dont il venait de prendre la direction, fut transformé par ses soins en ambulance, où nos malheureux soldats reçurent des soins aussi intelligents que dévoués. Il fut secondé dans cette tâche patriotique par Mme Gross, dont le dévouement ne se démentit pas une minute durant cette effroyable épreuve. Celle-ci, du reste, fut décorée en raison de ses services.

TROISIÈME PARTIE

THÉATRE

Dès 1838, Martinet commença à s'initier aux choses du théâtre. A cette époque, Joly, qui dirigeait de très intelligente façon la Renaissance, s'attacha, comme dessinateur de costumes, le jeune peintre, qui venait d'envoyer au Salon un tableau, *l'Assassinat du Roi d'Écosse*. L'exposition se faisait alors au Louvre.

On connaît la brillante campagne d'Anténor Joly. C'est lui qui monta *Clotilde*, de Soulié, avec Mme Dorval ; *Paul Jones* et l'*Alchimiste*, d'Alexandre Dumas, avec Frédérick-Lemaître et Atala Beauchêne ; la *Fille du Cid*, de Casimir Delavigne ; le *24 Février*, de Werner (traduction de Camille Bernay et H. Leroy) ; et surtout, le coup de maître de l'inauguration : *Ruy-Blas*, de Victor Hugo.

Dans le genre lyrique (car Anténor Joly avait voulu son théâtre à la fois lyrique et dramatique), la Renaissance d'alors donna entre autres œuvres, dont quelques-

unes sont restées au répertoire de nos grandes scènes :
Lucie de Lammermoor, de Donizetti, avec Anna Thillon,
la charmante cantatrice anglaise (très remarquée un peu
plus tard dans la *Chaste Suzanne*, d'Hippolyte Monpou,
ce qui poussa Auber, très épris d'elle, à la faire engager
à l'Opéra-Comique, où il lui fit créer les *Diamants de la
Couronne*, qu'il avait écrits pour elle); les autres interprètes de la *Chaste Suzanne* étaient la haute-contre La
Borde, les basses Euzet, Dodet et Mlle Ozy ; le *Naufrage
de la Méduse*, de Flotow ; le *Roi Margot*, de Thys ;
Zingaro, de Fontana, avec Carlotta Grisi, danseuse et
chanteuse adorable, la future créatrice de *Giselle*,
d'Adam, à l'Opéra, etc.

Ce fut à cette école, qu'inconsciemment, Martinet
apprit le métier d'impresario.

Il se souvint fort à propos de ces leçons de choses
lorsque, ayant dû abandonner la peinture à la suite d'une
douloureuse maladie d'yeux, il se fit impresario, ses
fonctions d'inspecteur des Beaux-Arts ne suffisant pas à
employer ses activités. Il fonda les Fantaisies-Parisiennes.
Le nouveau théâtre fut construit en bois ; il occupait
l'emplacement actuel des Nouveautés. Cette nouvelle scène
faillit ne s'ouvrir jamais. Un rapport très étendu de l'État-
Major des pompiers énumérant les dangers d'une pareille
construction, concluait au rejet de l'autorisation préalable.
Mais le duc de Morny fut saisi de l'affaire ; il dit un mot,
et les portes furent ouvertes.

L'inauguration de cette scène eut un contre-coup inattendu : Martinet, directeur des Fantaisies-Parisiennes, dut donner sa démission d'inspecteur des Beaux-Arts. La première représentation fut donnée le 1er décembre 1865.

Martinet apporta dans cette direction la même fougue artistique, le même désir de faire grand et neuf que dans tout ce qu'il entreprenait.

Il accueillit largement les jeunes et reprit les vieux opéras oubliés. Le Larousse, au mot *Fantaisies-Parisiennes*, dit que ce fut « l'un des établissements dramatiques les plus aimables et les plus utiles parmi tous ceux qui ont vu le jour à la suite du décret du 6 janvier 1864, rétablissant la liberté théâtrale au point de vue industriel ».

Et il finit son long article détaillant la carrière du théâtre Martinet par ces mots : « Bref, l'aimable et mignon théâtre des Fantaisies-Parisiennes, dont les tendances étaient véritablement élevées et dont on peut dire que l'activité était infatigable, *a rendu en peu de temps à l'art sain et vrai plus de services que son grand voisin l'Opéra-Comique n'en a rendu depuis bien des années.* »

Une brochure que Martinet fit paraître en 1867 et qu'il dédia au maréchal Vaillant, est le beau témoignage, irréfutable, du grand effort d'art qui fut tenté aux Fantaisies-Parisiennes. Nous allons en donner quelques extraits instructifs à relire et où l'on verra encore le germe de bien des tentatives contemporaines :

« A Son Excellence Monsieur le Maréchal Vaillant, Ministre de la Maison de l'Empereur et des Beaux-Arts.

» ... Si le projet que j'ai essayé de développer de mon mieux, dans ce mémoire, pouvait, comme je l'espère, aboutir à un résultat pratique, je me croirais suffisamment récompensé de mes peines par l'impulsion que je me verrais en mesure de donner à l'art, l'aide efficace que je pourrais prêter aux artistes, les avantages que j'offrirais au public...

» ... La situation des jeunes compositeurs français, digne de toute la sollicitude de ceux qui prennent un intérêt réel à la prospérité de notre art national, a toujours été une cause de souci pour l'administration supérieure.

» Jadis, et pendant de longues années, les jeunes musiciens qui ne pouvaient se produire ni à l'Opéra ni à l'Opéra-Comique, et ils étaient nombreux — les directeurs de ces deux théâtres, uniques scènes lyriques de Paris, se souciant fort peu de faire faire leur apprentissage à des artistes inexpérimentés — élevaient de justes réclamations et demandaient avec instance la création d'une troisième scène lyrique, destinée à accueillir leurs œuvres et à les faire connaître au public. »

Suit un très curieux, très juste et très complet historique des théâtres à visées lyriques.

« Mais un seul de ces théâtres, les Fantaisies-Parisiennes, aborda carrément le genre lyrique, auquel il s'est exclusivement voué aujourd'hui, et il l'a fait dans de telles conditions d'activité que, depuis le 2 décembre 1865, jour de son ouverture, jusqu'au 2 mai 1867, c'est-à-dire dans le court espace de dix-sept mois, il a joué trente-deux actes lyriques, dont dix-sept nouveaux et quinze consistant en reprises, et donné l'hospitalité à douze compositeurs vivants. »

Voici, en effet, son répertoire musical, depuis l'époque de son inauguration :

2 décembre 1865. *Il Campanello*, opéra-comique en un acte, musique de Donizetti.

29 décembre 1865. Les *Deux Arlequins*, opéra-comique en un acte, musique de Emile Jonas.

17 janvier 1866. *Bonsoir, Voisin !* opéra-comique en un acte, musique de M. Poise.

21 février 1866. *Robinson Crusoé*, opérette en un acte, musique de M. Pillevestre.

21 février 1866. *Avant la Noce*, opérette en un acte, musique de Emile Jonas.

16 mars 1866. La *Belle Espagnole*, opérette en un acte, musique de M. Hervé.

31 mars 1866. Les *Folies amoureuses*, opéra-comique en deux actes, musique de Mozart-Cimarosa-Paisiello-Pavesi-Steibelt.

21 avril 1866. Les *Oreilles de Midas*, opérette en un acte, musique de Frédéric Barbier.

6 mai 1866. *Semer pour récolter*, opérette en un acte, musique de Eugène Anthiome.

23 mai 1866. Le *Chevalier Lubin*, opéra-comique en un acte, musique de Adrien Boïeldieu.

14 juin 1866. *Bettina*, opéra-comique en un acte, musique de Léon Cohen.

19 juin 1866. Le *Don Juan des Fantaisies*, bouffonnerie musicale, musique de M. Frédéric Barbier.

Fermeture annuelle, 16 juillet.

24 septembre, réouverture.

24 septembre 1866. *Sacripant*, opéra-comique en deux actes, musique de M. Duprato.

24 septembre 1866. Le *Baron de Groschaminet*, opéra-bouffe en un acte, musique de M. Duprato.

23 octobre 1866. Les *Rosières*, opéra-comique en trois actes, musique de M. Hérold.

18 novembre 1866. Le *Maître de Chapelle*, opéra-comique en un acte, musique de Paër.

20 novembre 1866. La *Revanche de Fortunia*, bouffonnerie musicale en un acte, musique de M. Robillard.

29 novembre 1866. Le *Chanteur florentin*, scène lyrique, musique de M. Duprato.

15 décembre 1866. L'*Omelette à la Follembuche*, opéra-comique en un acte, de M. Léo Delibes.

29 janvier 1867. Les *Légendes de Gavarni*, pièce en trois actes, musique de M. Frédéric Barbier.

9 février 1867. Le *Sorcier*, opéra-comique en un acte, musique de M. Philidor.

14 mars 1867. Le *Calife de Bagdad*, opéra-comique en un acte, musique de Boïeldieu.

16 mars 1867. L'*Amour mannequin*, opéra-comique en un acte, musique de Th. Gallyot.

27 avril 1867. L'*Arbre enchanté*, opéra-comique en un acte, musique de Gluck.

27 avril 1867. La *Fête des Nations*, à propos allégorique, musique de M. Adrien Boïeldieu.

27 avril 1867. Les *Défauts de Jacotte*, opérette en un acte, musique de M. Jonas.

Ces dix-sept mois se réduisent même, en réalité, à un peu moins de quinze, puisqu'il y faut comprendre une fermeture de neuf semaines.

« A côté des noms glorieux de Gluck, de Philidor, de Boïeldieu, de Paër, de Hérold, de Donizetti, on voit briller sur ce répertoire ceux de MM. Boïeldieu fils, Duprato, Ferdinand Poise, Émile Jonas, Frédéric Barbier, Léon Cohen, Léo Delibes, Th. Gallyot, Anthiome, Robillard, etc. ; ce qui prouve suffisamment qu'un éclectisme bien entendu guide l'administration du nouveau théâtre dans le choix des ouvrages qu'elle présente au public, et qu'en remettant en lumière, pour aider à l'éducation des dilettantes et des artistes eux-mêmes, quelques-unes des plus belles œuvres du passé, elle prétend hâter l'éclosion d'œuvres nouvelles qui ne sauraient trouver place ailleurs que chez elle, et consacre ses plus grands efforts à l'extension de l'art contemporain.

» C'est une exposition des produits de l'art musical et une exposition continue, permanente, que se propose d'ouvrir le théâtre des Fantaisies-Parisiennes. Il prend envers ses souscripteurs l'engagement de jouer au moins dix-huit actes nouveaux par année, sans préjudice d'un certain nombre de reprises destinées à remettre en lumière des œuvres à tort abandonnées, et qu'il est bon de replacer sous les yeux du public et des artistes. Le titre même du théâtre indique suffisamment que, en tout ce qui a trait à la musique, tous les genres y seront représentés, depuis le grand opéra et l'opéra-comique jusqu'à la fantaisie en ce qu'elle peut avoir d'aimable et de gracieux. La coupe ordinaire des ouvrages ne devrait pas dépasser deux actes et le plus grand nombre serait en un acte, de façon que les spectacles pussent toujours être variés le plus possible.

» De plus, les Fantaisies-Parisiennes sollicitaient l'honneur de représenter, chaque année, la cantate couronnée au grand concours des prix de Rome. Nous disons « représenter » pour qu'on ne se méprenne pas sur notre pensée, et que l'on ne croie pas que nous voudrions nous borner à une simple exécution en habits de ville, préparée hâtivement et opérée sans chance de succès comme cela a lieu parfois. Le théâtre ferait au contraire tous les frais de décors, de costumes et d'accessoires nécessaires, et apporterait tous ses soins à la mise en étude et aux répétitions. Ce serait donc véritablement une représentation de l'œuvre couronnée, dans les meilleures conditions possibles, et faite pour satisfaire à la fois l'auteur, le public et les vrais amis de l'art. Quant au personnel du théâtre, il serait recruté autant que possible parmi les jeunes élèves du Conservatoire, qui viendraient là, après avoir acquis la connaissance théorique de leur art, compléter leurs études par l'expérience pratique du métier de chanteur et de comédien. Lorsque, ensuite, ils s'envoleraient sur des scènes d'un ordre plus élevé, leur talent serait formé et ce seraient déjà de véritables artistes, ne donnant pas ce fâcheux spectacle de venir terminer leur apprentissage devant un public qui paye assez cher pour avoir le droit d'être sévère et qui veut entendre autre chose que des élèves. Le théâtre des Fantaisies-Parisiennes deviendrait alors une sorte de *Conservatoire pratique, d'École normale appliquée à la musique et au théâtre,* et il n'est pas besoin de longues réflexions pour se rendre un compte exact des services qu'il pourrait rendre à l'art dans de semblables conditions... »

Le résultat de ce brillant mémoire fut assez inattendu. Le ministre des Beaux-Arts, au lieu de faire étudier sérieusement cette idée de réforme si intelligente, détaillée dans l'opuscule de Martinet, fit envoyer au directeur des Fantaisies-Parisiennes une somme de 1,000 francs à donner au jeune musicien le plus méritant joué durant l'année. Ce prix fut décerné à Duprato. Martinet dut être un peu démonté par cette médiocre conséquence. Car il voyait beaucoup plus loin, et son espoir n'allait rien moins qu'à s'établir au Conservatoire même et à lui donner une poussée artistique qui déjà, à cette époque, lui faisait défaut.

Cependant il ne se découragea pas. Les Fantaisies-Parisiennes continuèrent leur carrière, se partageant toujours entre les jeunes et les oubliés. C'est ainsi que le public et les artistes purent applaudir : le *Barbier de*

Séville, de Pasiello ; *Il Campanello*, de Donizetti, et ces adaptations d'œuvres restées inédites : l'*Oie du Caire*, de Mozart, et la *Croisade des Dames*, de Schubert, qui ont obtenu de gros succès ; le *Planteur*, d'Hippolyte Monpou.

Le grand triomphe fut la *Folie à Rome*, opéra-bouffe de Wilder, musique de Ricci, dont la vogue, grâce à l'interprétation, fut immense. Mlle Marimon, jolie, excellente comédienne et chanteuse de grand talent, remplissait le rôle à vocalises de Laurence. La Patti, qui l'entendit, fut émerveillée. Les autres interprètes étaient Soto, Ketten, Arsandau, Mlle Persini, Mme Decroix.

En 1869, en vingt-quatre heures, Martinet, pour s'agrandir, passa à l'Athénée, rue Scribe, où il reprit la *Folie à Rome* et où il resta jusqu'en 1870. A ce moment, le ministre des Beaux-Arts, Richard, nomma Martinet en remplacement de Pasdeloup au Théâtre-Lyrique, qui prit le nom d'Opéra-Populaire. Il était déjà entré en possession, place du Châtelet, de son cabinet directorial, lorsque la guerre fut déclarée et il ne put qu'installer une ambulance dans son théâtre, ainsi que nous l'avons vu dans la partie précédente. Puis survint la Commune, et, une nuit, le théâtre fut incendié. A cette nouvelle épouvantable, car c'était la ruine, Mme Martinet devint folle.

Non seulement le théâtre était détruit, mais avec lui les meubles, les tableaux, que le directeur y avait fait transporter. Il perdit là, entre autres, un Bonvin, un Delacroix, des Millets, un Jules Breton : *Retour de*

Moisson, *le Soir*, etc. Cette collection, aujourd'hui, ne vaudrait pas moins de 400,000 francs.

A la demande de M. Jules Simon, ministre de l'Instruction publique et des Beaux-Arts, Martinet reprend un moment la direction de l'Athénée. Il joua, en particulier, la *Sylvana*, de Wilder, musique de Weber (1812) et les *Brigands*, de Verdi.

Après quelque temps de recueillement, il fit une tentative de *Guignol lyrique*, où des sujets en bois devaient emprunter la voix de ténors et de *prima donna* véritables placés dans la coulisse[1]. « L. Martinet, dit le peintre Henriet dans une intéressante notice sur notre héros, L. Martinet, et c'était là la nouveauté du spectacle, se proposait de faire entendre de la bonne musique, puisée aux meilleures sources, des imitations plaisantes, d'amusantes parodies qui n'eussent pas moins diverti les parents que les enfants. Cette idée originale, mise en œuvre par un homme de goût comme l'impresario du Guignol-Lyrique, avait mille chances de réussir. Mais, comme si une inexorable fatalité poursuivait le malheureux directeur, en pleines répétitions, à l'heure où l'œil du maître était plus que jamais indispensable, il fut arrêté, que dis-je? terrassé par une pneumonie aiguë qui le mit à deux doigts du tombeau. On ouvrit quand même; le succès fut grand, mais la

1. Les artistes engagés étaient Mlle Mélodia, aujourd'hui professeur de chant; le jeune Larbaudière, le neveu de Martinet, un de nos meilleurs ténors ; et M. Douaillier, de l'Opéra.

maladie du directeur se prolongeant, Guignol fut obligé de fermer ses portes.

.·.

En terminant cet article du théâtre, je citerai deux anecdotes.

On discutait théâtre, et les critiques dramatiques étaient sur la sellette. Martinet alors, avec sa souriante bonhomie, non dénuée de malice, raconta ces deux petites aventures :

Charles Maurice, critique du *Courrier des Théâtres*, touchait de l'Opéra, de l'Opéra-Comique et de la Comédie-Française, 3o,ooo francs par an. Pillet, alors directeur de l'Opéra, avait dans sa troupe le ténor Gilbert Duprez, servant toujours de cible aux railleries du critique qui, pour l'embêter, s'amusait à l'appeler Duprez de l'Air. Un jour, au cours d'une représentation, l'artiste, rendu furieux par de nouvelles boutades du critique, aborde le directeur en sortant de scène et lui dit :

— Si Charles Maurice continue à m'appeler Duprez de l'Air, je ne chante plus.

Il en résulta que les trois directeurs s'entendirent, et les 3o,ooo francs de rentes qui étaient faits au critique lui furent supprimés.

.·.

Le critique Fiorentino était l'un des hôtes assidus de Roger, chanteur de l'Opéra-Comique. L'artiste était marié, et un jour, pour remercier l'écrivain de quelques articles élogieux, Mme Roger lui fit cadeau d'un superbe chronomètre en or. Deux jours après, à dîner, Fiorentino arrive quelques minutes plus tôt que d'habitude et il dit gracieusement, en tirant ostensiblement sa montre, attachée avec une ficelle :

— Je me trouve si bien dans votre maison, que je viens un quart d'heure plus tôt.

Mme Roger comprit. Elle envoya sur le champ acheter une chaîne en or qu'elle glissa sous la serviette du critique.

En la découvrant, celui-ci s'écria :

— Tiens ! la ficelle a parlé !...

MEMENTO

Aujourd'hui, l'ambition de l'artiste, le but vers lequel il tend de toutes ses énergies, est la réalisation de ce *Théâtre du Conservatoire*, dont il entretenait déjà le ministre en 1867, dans le mémoire dont j'ai cité quelques fragments. Il s'est également adressé, il y a trente ans, à son ami Camille Doucet, alors directeur des théâtres au ministère d'État. Celui-ci trouva le projet excellent, mais,

quant à la mise en pratique, il objecta que ça dérangerait
trop les habitudes de l'administration !

Voici, du reste, un article intéressant de Charles
Darcours, paru dans le *Figaro* du 28 novembre 1894, au
sujet de la fondation de ce théâtre, et qui expose les
grandes lignes du projet :

« Il y a quelques semaines, j'ai parlé du projet de
M. Martinet, ancien directeur du théâtre de l'Athénée,
qui a conçu le plan d'une résurrection du Théâtre-
Lyrique, avec le concours des élèves du Conservatoire.
M. Martinet nous a écrit à ce sujet et nous a exposé ses idées.

» Il croit qu'il manque à notre École nationale de
musique et de déclamation un complément indispensable,
l'établissement d'une école pratique qui pourrait devenir
une pépinière d'artistes sachant leur métier, ayant pris
contact avec le public.

» Déjà, en 1867, lorsque M. Martinet était directeur
du théâtre des Fantaisies-Parisiennes, il avait eu l'idée de
transformer cette petite scène en une école pratique du
Conservatoire; convaincu que les élèves ne se forment
que devant le public, cette institution, dit-il, comblerait
une lacune.

» D'après le plan de M. Martinet, les recettes du théâtre
projeté appartiendraient aux élèves et viendraient en
aide à des existences souvent difficiles. Le répertoire
serait formé de fragments de grands opéras, d'opéras-
comiques, comédies, etc., de l'ancien et du nouveau

répertoire. Il pense que le public s'empresserait à ces spectacles.

» Il formerait les élèves à l'art dramatique avant d'en faire des artistes lyriques. Il ferait appel à tous les professeurs comme à tous les élèves, et son désir serait que le nouveau théâtre devint pour les sujets dramatiques ou lyriques, ainsi que pour les auteurs et compositeurs, ce que sont les expositions pour les peintres et les sculpteurs.

» M. Martinet me donne encore d'autres détails sur la fondation qu'il rêve, et son amour pour l'art, son zèle pour les artistes, son dévouement pour les élèves s'y manifestent à chaque ligne.

» J'ai préventivement signalé les difficultés que présenterait la réalisation des projets de M. Martinet : il n'y a pas à insister tant que l'entreprise projetée n'aura pas reçu un commencement d'exécution.

» En attendant ce moment, tous mes vœux sont pour M. Martinet, et je souhaite qu'il trouve rapidement un répertoire, des sujets capables d'attirer le public, et surtout une combinaison financière qui mette à sa disposition le capital qu'exigerait la mise en train d'une entreprise telle que celle qu'il rêve de fonder.

» Charles Darcours. »

Beaucoup de professeurs et d'artistes éminents, parmi lesquels je citerai Engel, le chanteur remarquable ; Taillade, le grand comédien ; Melchissédec, l'excellent professeur de diction au Conservatoire, approuvent hautement l'idée de M. Martinet et l'ont assuré de leur concours. Il aura certainement avec lui tous ceux qui ont souci de l'avenir de l'art français lyrique ou dramatique.

La lettre suivante, émanant d'un homme qui a donné des preuves d'une grande capacité administrative jointe à un grand sens artistique, vient confirmer l'excellence de son projet :

« Opéra de Nice, ce 4 octobre 1894.

» Cher Monsieur et ami,

» J'ai pris connaissance de votre projet concernant la fondation d'un théâtre d'application pour les élèves du Conservatoire et je vous remercie d'avoir bien voulu me choisir pour vous seconder dans cette entreprise aussi belle qu'utile.

» Je suis absolument prêt à être un second vous-même, et mon passé vous répond de moi.

» Depuis longtemps je dirige les scènes les plus importantes de la province et de l'étranger, et un certain nombre de mes ex-pensionnaires font, j'ose le dire, bonne figure sur les grandes scènes de Paris.

» Pendant sept années, j'ai dirigé le Théâtre-Royal d'Anvers :

» Trois années, le Théâtre des Arts de Rouen ;

» Deux années, le Grand-Théâtre de Nantes ;

» Le Grand-Théâtre de Genève, etc., etc.

» Ma situation est, vous le savez, absolument indé-
pendante.

» Tout me porte donc à croire que votre excellente
innovation sera couronnée d'un plein succès et que vous
attacherez votre nom à une œuvre impérissable.

» Je me mets donc à votre disposition et vous prie
d'agréer, cher Monsieur et ami, etc.

« LAFON. »

Pour la mise à exécution de ce projet, destiné à
marquer une étape heureuse de l'art français dans la voie
du progrès, le sympathique artiste va organiser une
représentation à son bénéfice, qui lui est due.

Cette représentation sera donnée dans un grand
théâtre de Paris.

Le produit de cette représentation sera versé à la
caisse du nouveau théâtre.

GUSTAVE RIBEAUCOURT.

12-94 2941. — Paris, Typ. Monais Père et Fils, rue Amelot, 61.